15 cent.   N° 9.   20 cent. par la poste

SOCIÉTÉ D'INSTRUCTION RÉPUBLICAINE

LES PRÉTENDANTS

ET

LA RÉPUBLIQUE

PAR

D. ORDINAIRE

Publiciste

PARIS
ARMAND LE CHEVALIER, éditeur, 61, rue de Richelieu
1872

LES PRÉTENDANTS

ET

LA RÉPUBLIQUE

PAR

D. ORDINAIRE

INTRODUCTION

La France, épuisée par la guerre civile et par la guerre étrangère, est comme un malade qui dirait à ses médecins : — « Je sens que je n'ai besoin que de repos; je crains plus vos remèdes que mon mal; un peu de bonne nourriture et d'exercice me remettra mieux que vos consultations. »

Mais les médecins qui flairent une riche proie ne veulent pas lâcher prise et se cramponnent au lit du convalescent : — Prenez quelques gouttes de droit divin, disent les légitimistes, c'est un bon élixir. — Le despotisme pris à haute dose vous remettra sur pied, disent les bonapartistes. — Nous vous attendons à la première crise, ajoutent les orléanistes plus discrets. »

Patriotes, libéraux, hommes de bien qui voulez l'ordre et la paix, vous qui aimez mieux la patrie que les prétendants, unissez-vous, formez une sainte ligue contre tous les charlatans, et dites-leur que leurs remèdes sont des poisons.

Surtout ne vous laissez pas induire en tristesse et découragement par tous les méchants bruits de fusion monarchique et de coup d'État qui courent de Versailles dans la province, et vont de tocsin en tocsin, c'est-à-dire de journal en journal, vous inquiéter dans vos villages.

Les choses ne vont pas aussi mal que le prétendent les alarmistes. La monarchie n'est pas faite, et si vous persistez à être, comme par le passé, de bons et fermes républicains, calmes, prudents, inaccessibles à la crainte, sourds aux provocations, je crois qu'elle ne se fera jamais.

D'abord, les aspirants au trône sont nombreux, et vous savez qu'en politique, comme en amour, trois rivaux valent mieux qu'un.

Ensuite ils sont divisés, et la République profite de leurs querelles. Représentez-vous une diligence attaquée par des voleurs. Pendant que les voyageurs recommandent leur âme à Dieu, et leur bourse à tous les saints, voici venir une seconde bande, puis une troisième, attirées l'une et autre par l'odeur du butin. On se dispute, on se chamaille pour le partage des dépouilles ; des injures on en vient aux coups, et tout doucement, au milieu de la bagarre, profitant du tumulte, l'équipage s'éloigne, prend le galop, gagne la plaine, et fouette cocher !

Enfin, si nos prétendants étaient des hommes nouveaux, nous pourrions concevoir quelque inquiétude. Car *tout nouveau tout beau*, comme dit la sagesse des nations. Ils engeôleraient le bon peuple, ils lui promettraient de faire descendre le Paradis sur terre, et notre pays est encore si mal guéri de la pourriture du despotisme qu'ils trouveraient certainement des consciences à acheter et des dupes à séduire. Mais, heureusement pour nous, tous les coureurs de trône sont gens connus, soit par eux-mêmes, soit par leurs ancêtres. Nous savons par leurs actes ce que valent leurs promesses. Tous ont conduit l'attelage et tous l'ont versé dans le fossé. Les Bourbons, aînés et cadets, nous ont valu trois révolutions : les Bonapartes, grand et petit, trois invasions et trois révolutions. Voilà les services de ces Messieurs. La France s'en souvient puisqu'elle en saigne encore.

Elle veut l'économie, et des fainéants de cour à entretenir lui donneraient des dettes. Elle a cinq milliards à payer pour réparer les fautes de l'empire, et elle n'a pas le moyen d'engraisser des chambellans, des grands veneurs, des dames d'honneur et toute la séquelle royale ou impériale. Elle se lasse des révolutions, et elle sait que toute royauté nouvelle est un bail à courte échéance qui est résilié par une révolution.

Celui qui mène aujourd'hui le chariot de l'État, n'ayant ni fils ni petit-fils, n'a pas de dynastie à fonder. C'est un homme sage, expérimenté, qui connaît tous les dangers de la route. Voilà près de deux ans qu'il tient les guides, et il nous a tirés déjà de plus d'un mauvais pas. Que tous les honnêtes gens le secondent, et j'ai bonne confiance qu'il nous déposera, avant qu'il soit peu, en lieu sûr, loin des voleurs, c'est-à-dire loin des prétendants.

CHAPITRE PREMIER.

BONAPARTISTES.

On voit rôder depuis plusieurs mois dans les campagnes des vagabonds, les uns à pied, la balle au dos, déguisés en colporteurs, les autres dans des charrettes attelées de quelque méchante haridelle. Munis de passe-ports et de patentes bien en règle, ils exercent en toute liberté leur commerce suspect, vendent 10 centimes au détail ce qu'ils ont acheté en gros 30 centimes, et ressemblent plus à des filous qu'à d'honnêtes marchands.

Ces coureurs de campagnes sont des agents bonapartistes.

Vous pensez bien que ce n'est pas aux gens instruits qu'ils s'adressent, mais aux personnes simples et crédules, à ceux qui, n'ayant jamais lu que leur almanach, regardent comme parole d'Evangile tout ce qui est écrit dans les livres.

Ces temps derniers, un de ces porte-balles étant venu dans un village du Jura, voisin de Saint-Claude, se fourvoya par erreur chez le médecin de l'endroit, et mal lui en prit, comme vous allez voir.

Ce médecin est un homme bien connu dans le pays pour ses opinions républicaines, estimé et aimé d'un chacun, charitable, humain, serviable à tous, surtout aux petites gens, dont il a les manières simples et le parler franc; au reste, aimant peu Bonaparte, qui, après le coup d'Etat du 2 décembre, le fit empoigner nuitamment par les gendarmes et traîner de brigade en brigade jusqu'à la frontière.

Vous jugez si notre colporteur était bien tombé et s'il avait trouvé son homme.

Le voilà donc qui entre, défait sa marchandise, et, tout en l'étalant, tire de ses poches des paquets de petites brochures rouges, bleues, jaunes, puant le bonapartisme, et gratis les distribue aux gens de la maison. Le docteur, qui avait flairé l'homme, souriait dans sa barbe grise et le regardait faire.

L'autre, enhardi par le bon accueil, prend un siége, et pendant que les femmes inspectent son déballage, il entre familièrement en propos, comme quelqu'un qui se croit chez lui:

— Eh! bien, monsieur, que dit-on de la récolte? Pas trop belle, n'est-ce pas? L'été a été mauvais.

Il pleut beaucoup sous la République. Ce n'est pas comme sous l'autre.

— Quel autre? dit le docteur.

— Eh! parbleu, l'empereur. Ah! monsieur, quel règne! Le soleil s'entendait avec lui pour le bonheur des campagnes. C'était tous les jours le soleil d'Austerlitz. Il avait le bon Dieu dans sa manche. Jamais il ne tombait un grêlon ou une goutte de pluie sans sa permission. Aujourd'hui, c'est le déluge. Le bon Dieu n'est pas républicain, parce que les prêtres ne le sont pas. Tout ira de mal en pis. La France a été ingrate, le bon Dieu la punira.

— Il me semble qu'il ne l'a déjà pas trop mal punie.

— Pas encore assez. L'empereur, voyez-vous, était le représentant de Dieu sur la terre, le bras droit de la Providence. Qu'était la France avant lui? Le dernier pays du monde. C'est lui qui a inventé les chemins de fer. Avant lui on ne connaissait pas le progrès ni l'industrie. Il n'y avait avant lui ni routes, ni canaux, ni commerce. C'est lui qui a tout fait, tout créé. Le paysan, sans lui, mangerait de l'herbe à l'heure où je vous parle.

— Il me semble pourtant que la Révolution de 89...

— La Révolution, monsieur, c'est son oncle qui l'a faite. Son oncle aimait le peuple. Il est vrai qu'il le faisait tuer sur les champs de bataille, mais c'était pour la gloire. Napoléon Ier a donné à la France vingt ans de gloire. Napoléon III lui a donné vingt ans de prospérité.

Le docteur était curieux de voir jusqu'où irait la sotte impudence de ce misérable.

— On dit cependant qu'il a commis des fautes, objecta-t-il.

— Qui dit cela ? Les républicains, les communeux. Lui, des fautes ! Il n'en a pas commis une seule. M. Rouher l'a dit à la tribune, et M. Rouher est un homme qui n'a jamais menti.

— Cependant, l'expédition du Mexique...

— C'était la grande pensée du règne. Napoléon III voulait promener le drapeau de la France dans toutes les parties du monde. Il l'a promené en Crimée, il l'a promené en Italie, il l'a promené en Syrie, en Chine, en Cochinchine, au Mexique ; il l'aurait promené jusque dans la lune, s'il n'avait pas été trahi.

— Il est bien dommage qu'il ne l'ait pas promené en Prusse.

— Ah ! oui, la Prusse ! Je vous attendais là. Parlons un peu de la Prusse. Vous croyez peut-être que c'est l'empereur qui a déclaré la guerre à la Prusse !

— Et qui donc ?

— C'est M. Thiers ?

— M. Thiers.

— Oui, M. Thiers ; un petit intrigant qui voulait

renverser son empereur pour se mettre à sa place. C'est M. Thiers qui a suscité la Prusse contre nous. C'est M. Thiers qui a désarmé nos forteresses, désorganisé nos armées, livré nos frontières à l'ennemi.

— Est-ce encore M. Thiers qui a capitulé à Sedan?

— A Sedan, Monsieur, l'empereur, quoique trahi, aurait pu écraser les Prussiens : mais il aurait fallu exposer sa personne, et il a mieux aimé se conserver pour le bonheur de ses sujets. Cette capitulation qu'on lui reproche est un acte de patriotisme que la postérité admirera. Voyez cependant l'ingratitude des hommes. Pendant que ce héros, après avoir rendu son épée à la Prusse, expiait dans l'exil et dans la misère le crime d'avoir si bien servi la France, les hommes du 4 septembre la trahissaient. Ce misérable Gambetta vendait deux provinces à Guillaume et se sauvait avec ses millions en Espagne, où il a des châteaux. Ils triomphent aujourd'hui ces infâmes républicains, ils règnent sur la France, tandis que notre pauvre empereur... Mais patience, il reviendra.

— Croyez-vous? fit le docteur.

— Si je le crois! J'en suis sûr. Je corresponds avec la femme de chambre du secrétaire particulier d'un ancien ministre qui correspond lui-même avec l'empereur. D'ailleurs, nous sommes appuyés. Nous avons pour nous le pape, qui est le parrain du jeune prince. Nous avons pour nous les trois empereurs qui détestent la République. Nous avons pour nous la reine d'Angleterre. Cette gracieuse souveraine a fait dernièrement une visite à l'impératrice, et je sais qu'elle lui a demandé en confidence où elle achetait ses faux chignons. Ce n'est pas tout. Nous avons pour nous les anciens fonctionnaires qui regrettent leurs places, les gros propriétaires qui regrettent leur influence et les gros banquiers qui regrettent leurs tripotages. Nous avons pour nous l'armée, la magistrature, le clergé, les campagnes, vingt journaux à Paris et vingt mille colporteurs en province qui sont les soldats de la grande croisade bonapartiste. Ah! Monsieur, nous sommes forts, et le jour où nous reviendrons.....

— Que ferez-vous?

— Ce que nous ferons? Nous nous vengerons de nos ennemis. Nous guérirons le pays par le fer et par le feu de la gale républicaine. Nous courrons sus aux démagogues, comme le chasseur à la bête fauve. Nous en remplirons les prisons, les pénitenciers, les bagnes, les pontons, les colonies. A Cayenne les Thiers et les Gambetta! A Cayenne tous les députés de la gauche! A Cayenne tous les journalistes républicains! A Cayenne toute la canaille démocratique! Napoléon a été trop bon au 2 décembre. Il n'a pas assez fusillé, pas assez déporté: c'est ce qui l'a perdu. Plus de presse, plus de tribune, plus d'élections, plus de conseils municipaux. Nous règnerons par la police et la gendarmerie. Il faut à la France une main de fer. N'est-ce pas votre avis, Monsieur ?

Le docteur, sans répondre, se leva, fit un paquet des marchandises du colporteur, et les jeta tranquillement par la fenêtre. Puis il ouvrit la porte, et se tournant vers le drôle, il lui asséna sur le mufle un soufflet à poing fermé, et, d'un coup de pied adressé en lieu sûr, l'envoya rouler à dix pas dans la rue.

Je m'explique bien, mes amis, la vivacité de mon docteur, mais je ne vous conseille pas de l'imiter, attendu que les violences ne sont pas des raisons.

Si quelqu'un de ces mauvais drôles a l'audace de se présenter chez vous, fermez-lui la bouche en lui montrant que vous savez votre histoire.

Dites-lui qu'en 1815 l'ambition de Napoléon Ier nous a coûté un milliard, la perte de nos colonies et des frontières de la première République.

Dites-lui qu'en 1870 la sottise de Napoléon III nous a coûté cinq milliards et la perte de l'Alsace et de la Lorraine.

Ajoutez que la France a dépensé assez d'or et de sang pour cette famille maudite, et, cela dit, mettez l'homme à la porte en le priant le plus poliment que vous pourrez d'aller se faire pendre ailleurs.

CHAPITRE II

LÉGITIMISTES.

On lit dans un vieux conte qu'un homme nommé Epiménide s'endormit un jour dans une caverne, et ne se réveilla qu'au bout de cinquante ans. Qui se frotta les yeux au réveil? ce fut lui. Quand il se montra, on eut peur de lui comme d'un revenant. Lui-même avait peur des gens. Il avait beau regarder, il ne reconnaissait plus ni les hommes ni les choses. C'est que le monde avait marché depuis lui. Tout avait changé, les idées, le langage, les modes, la manière de vivre, c'était une autre société. Epiménide était comme un mort parmi les vivants. Il regretta son somme et sa caverne.

Il y a dans ce conte un grain de vérité, comme dans tous les contes. Nous avons aujourd'hui, dans notre pays, des milliers d'Epiménides, qui se sont endormis, il y a près d'un siècle, en l'an 1789, et qui commencen à peine à se réveiller.

Ces braves dormeurs ce sont les légitimistes.

En vérité, mes amis, je ne me sens pas le courage de les railler; je suis plutôt d'avis qu'il faut les plaindre. Vous me direz qu'ils sont aussi dangereux que ridicules, et que les choses se gâteraient fort, si on les laissait faire. Je le sais bien, mais que voulez-vous? Ces gens-là rêvent. Ils se croient encore au bon temps des châteaux, où le peuple portait double bât, celui des grands et celui du clergé. Ils rêvent, vous dis-je. Ils voient en songe l'image trompeuse de leur toute-puissance évanouie, et tout entiers à cette vision, ils n'entendent rien, ni la chute des trônes ni le mouvement de la vie moderne, ni le bruit des usines, ni les sifflets des locomotives, ni ceux du public. Ils sortent de leur caverne, ils regardent et ne comprennent pas.

Il y a des moments où on se demande s'ils vivent, s'ils sont de chair et d'os comme les autres chrétiens, ou s'ils ne sont pas des fantômes échappés du cercueil. On les voit bien s'agiter, s'évertuer, aller en procession sur la route d'Anvers. On les entend discourir. Ils parlent de leur roi bien-aimé, Henri V, le seul vrai roi, le représentant du droit divin, le fils des Capétiens qui régnaient au temps des tailles, des dîmes et des corvées. On les entend maudire la révolution de 1789, la souveraineté du peuple, le suffrage universel, les chemins de fer, le progrès, la presse, l'industrie. Ils disent que ces choses sont des inventions diaboliques, des ruses de Satan pour perdre le genre humain, que la science est dangereuse, qu'il n'est pas bon d'instruire le peuple, que la liberté est un abus, l'égalité une chimère, et que si le monde était, comme au temps jadis, gouverné par les nobles et par les moines, le monde irait bien mieux.

Eh bien, soit, ne les chicanons pas; laissons dire ces songe-creux. Admettons seulement pour un instant que leur rêve se réalise. Voilà leur bon roi Henri V en route pour son beau pays de France. Ses sujets repentants, las de la République, l'ont supplié de revenir, et il a cédé à leurs vœux, non par ambition, mais par bonté d'âme. A son arrivée, les cloches se mettent en branle et le clergé en mouvement: les routes sont semées de fleurs, des jeunes filles de blanc vêtues chantent sur son passage des cantiques où elles le comparent à David et à Samson Dahirel, le fidèle Dahirel, monte sur sa tour, et, voyant venir son monarque chéri, s'écrie: Maintenant je peux mourir! On conduit le fils de saint Louis en sa bonne ville de Reims où le pape en personne vient lui verser sur la tête l'huile de la Sainte-Ampoule. Le voilà sacré, le voilà vice-dieu sur la terre. Paix aux châteaux, guerre aux chaumières!

La France, après quarante ans de divorce, s'est remariée en troisièmes noces avec ces princes légitimes. Tout est joie, allégresse, transports. La lune de miel commence, mais gare la lune rousse!

Voici déjà les anciens courtisans, les amis de la veille qui réclament leur salaire. C'est à qui tendra la main. Allons, des places, des cordons, des ambassades aux fils des croisés! Tous les mendiants titrés se pressent autour de leur maître, et demandent leur part du gâteau de la fête. Moins âpres sont les mouches autour des cuves pleines, quand vient la saison des vendanges.

Puis, de tous les coins du pays s'élèvent les plaintes et les récriminations des hobereaux : — « Sire, soyez roi; Sire, châtiez cette populace; Sire, destituez ce préfet, cassez ce maire, supprimez ces conseils. Sire, il faut bâillonner la presse, rétablir la censure, empêcher le colportage des écrits, restreindre le suffrage. Sire, il faut rendre le pouvoir aux honnêtes gens (et les honnêtes gens, ce sont vos fidèles royalistes); il faut rétablir les états provinciaux, et les parlements qui enregistraient les édits, et les Etats généraux qui, agenouillés devant le trône, présentaient humblement les suppliques de la nation, et se retiraient après avoir voté les impôts nécessaires aux broderies et aux chamarrures de MM. les courtisans. »

Jugez si, au milieu de ces criailleries, le clergé reste muet! Quand le clergé ne règne pas, il se croit opprimé. « Vite, qu'on nous livre l'éducation, qu'on supprime le concordat, le mariage civil; qu'on nous ramène aux beaux temps des billets de confession et de la loi du sacrilége! Ce n'est rien encore. Le pape, l'héritier de Pierre le pêcheur, a perdu son pouvoir temporel. C'est un scandale qui fait pleurer les anges du paradis. Qu'on lève des armées, qu'on envoie au delà des Alpes cent mille, deux cent mille chassepots pour châtier Victor-Emmanuel, ce chien d'excommunié! »

Voilà l'heureux et touchant spectacle qu'offrirait la France le lendemain de la restauration d'Henri le Désiré.

O! mes amis, si vous voulez m'en croire, ne dites pas de mal d'Henri, bénissez-le au contraire, aimez-le comme le plus sage des prétendants et le seul homme de bon sens de son parti.

Car enfin, s'il écoutait les imbéciles ou les fanatiques qui vont dans sa retraite le fatiguer de leurs obsessions ou l'étourdir de leurs flatteries, combien de maux en résulteraient pour notre pays!

Ou bien, comme Napoléon III, il achèterait des généraux et ferait un coup d'Etat; ou bien, comme Louis-Philippe d'Orléans, il mentirait et prendrait, pour couvrir son ambition, le masque du libéralisme.

Mais le bon sire est bien trop avisé pour essayer de conquérir, par le parjure ou par les massacres, un trône d'où ses ancêtres sont tombés deux fois et dont il lui faudrait tomber à son tour. Il sent, l'habile homme qu'il est, que l'exil volontaire où il se condamne est plus salutaire pour lui que les honneurs dangereux de la royauté.

Exilé, en effet, il vit dans un éloignement qui le rend sacré à ses amis, respectable à ses ennemis.

Exilé, il est comme une idole entourée du respect et de l'adoration de ses fidèles.

Exilé, il vit en paix, au sein de sa famille, sans craindre ni les trahisons de ses ministres, ni les sollicitations de ses courtisans, ni la haine de ses sujets.

Exilé, il est à l'abri des représentations, des galas, des grands et des petits levers, des piliers d'antichambre, des harangues officielles, des complots et des révolutions.

Si l'année est trop sèche ou trop pluvieuse, personne ne songe à lui en faire un reproche. Si la récolte a manqué, il est innocent. S'il a des accès de goutte, personne ne s'en réjouit. S'il mange et digère bien, personne ne s'en afflige. Si nos hommes d'Etat commettent des bévues, il a le droit de s'en moquer. Si le peuple se croit malheureux, il a le droit de dire ou de laisser dire qu'il ferait son bonheur.

Qui ne préférerait, je vous le demande, un exil si commode aux périls d'une restauration?

Aussi, quand nos légitimistes s'en vont en pélerinage auprès de lui, le presser de revenir : — « J'irai, leur dit-il, quand les Français me rappelleront. »

Admirable parole, la plus belle qui soit jamais sortie de la bouche d'un prétendant. Gardez votre promesse, auguste prince, et ne revenez que quand nous vous rappellerons !

CHAPITRE III

ORLÉANISTES.

Les d'Orléans sont toute une nichée de princes, de comtes et de ducs, riches, habiles, remuants, mais impuissants, parce qu'ils se sont perdus dans le pays par leur avarice.

Ces Messieurs d'Orléans, de retour dans leur patrie, n'ont rien eu de plus pressé que de nous réclamer comme une dette les biens que Bonaparte leur avait pris. Ils n'ont pas eu honte de mettre la main dans nos bourses pour y puiser le peu d'argent que la guerre y a laissé. Ils se sont joints aux Prussiens comme créanciers de la France, et aux cinq milliards demandés par Bismack, ils ont joint leur petite note de quelques millions.

Or, on conçoit des princes qui volent (cela s'est déjà vu), mais des princes qui mendient sont ridicules. —

Quoi, mon ami, te me demandes des millions avant d'arriver au trône! Combien donc m'en prendras-tu quand je t'y aurai assis? Si tu liardes quand tu n'es encore que prétendant, que feras-tu donc quand tu seras roi.

Chassez, Messieurs d'Orléans, chassez à Chantilly; chassez le cerf et le sanglier, c'est la seule chasse qui vous réussira. Votre père était aussi, dit l'histoire, un homme qui savait compter : bon bourgeois d'ailleurs, bon père de famille, rangé, économe, un peu ladre même, le vrai roi des banquiers.

Ah! s'il avait administré la France comme sa maison! Mais ce prince, orné de toutes les vertus domestiques, manquait de génie politique. Il ne voyait que ses censitaires, ses électeurs à 200 fr. Pour lui, les capitalistes et les gros propriétaires qui représentaient le pays formaient toute la nation. Ceux qui ne payaient pas le cens n'étaient qu'une vile plèbe, un troupeau, des gens qui ne pesaient pas, qui ne comptaient pas, des prolétaires bons à faire des enfants pour le service de l'Etat.

Cet excellent prince, en 1848, quand le peuple s'éveilla, s'en fut chercher un refuge en Angleterre, où il mourut. Ses fils, sans la République, y seraient encore. La République, trop généreuse, leur a ouvert le chemin du pays. Elle leur a donné des grades à l'armée, des siéges à l'Assemblée, des fauteuils à l'Académie, elle va leur rendre les biens qu'elle ne leur a pas pris.

Or, savez-vous comment ils la récompensent? En conspirant contre elle. Ils ont à Paris un journal qui l'attaque avec une violence que n'égalent pas les feuilles réactionnaires les plus enragées. A la Chambre, où ils se sont glissés au mépris de la parole donnée, ils ont une centaine de partisans qui cabalent contre M. Thiers et cherchent toutes les occasions de le renverser.

Indulgents pour les bonapartistes, doux pour les légitimistes, implacables pour les républicains, ils tendent la main à tous les partis monarchistes de l'Assemblée. Mais tous les partis les repoussent, parce qu'au fond tous les partis les méprisent. Les légitimistes ont horreur de Louis-Philippe qui a pris, en 1830, la place de Charles X, leur bien aimé roi, les bonapartistes savent que les d'Orléans ne pardonneront jamais à Napoléon III de les avoir dépouillés; les républicains les regardent pour ce qu'ils sont : des royalistes bâtards, de faux libéraux, des intrigants.

Donc, isolés dans la Chambre qui les connaît trop, et dans le pays qui ne les connaît pas, ils sont impuissants, et la République, en ce moment, n'a rien à craindre d'eux.

CHAPITRE IV

MODÉRÉS.

Vous direz peut-être que nous sommes trop soupçonneux, que nous voyons des dangers où il n'y en a pas, que la République est fondée, que rien désormais ne pourra la renverser.

Oui, grâce à votre sagesse et à votre patriotisme, la République est en bonne voie. Mais vous savez le proverbe: *Moisson sur pied n'est pas moisson liée.* Tant que des élections nouvelles n'auront pas renvoyé les hobereaux de la Chambre à leurs gentilhommières, nous resterons à notre poste d'observation, l'oreille au guet, prêts à sonner le tocsin d'alarme au moindre péril. Car, ne l'oubliez pas, la situation est encore critique et les ennemis de la République sont les plus' habiles et les plus dangereux de tous les hommes.

Il est vrai que nombre d'honnêtes gens, royalistes de naissance, se sont ralliés par raison et par patriotisme à la République, comme à la seule forme de gouvernement capable de sauver la France. Ce sont là des conversions glorieuses pour notre cause, profitables au pays. Bien loin de repousser ces nouveaux venus, nous les accueillons avec joie et les regardons comme étant des nôtres. Notre République n'est pas une petite église, ouverte à quelques sectaires, fermée au reste des mortels. Elle est tolérante et reçoit dans son sein tous les hommes de bonne volonté qui viennent à elle sans arrière-pensée et sans mauvais dessein.

Malheureusement, tous les nouveaux convertis ne sont pas de bonne foi. Il s'est glissé parmi eux des hypocrites qui se couvrent du nom de républicains comme d'un masque pour perdre plus sûrement la République.

Je vois d'ici d'anciens plébiscitaires, légitimistes ou bonapartistes (car aujourd'hui les deux font la paire), je les vois, dis-je, entrer chez vous, en voisins, vers la brune, à l'heure où, les deux coudes sur la table, le souper fini, on se repose du travail du jour en causant de celui du lendemain.

Ces gens qui vous méprisaient sous l'empire se font humbles et petits devant vous aujourd'hui, parce qu'ils sentent que vous êtes la force, et que, sans vous, sans vos suffrages, ils seront dans l'Etat ce qu'est une cinquième roue à un carrosse.

Ils s'informent de votre santé, de vos affaires; ils vous parlent avec intérêt de la récolte, des grandes pluies de juillet et d'août, des orages qui ont, en maint endroit, gâté vos blés et vos vignes. Cela les amène tout doucement à causer de la politique. Ils vous font un grand éloge de ce bon M. Thiers, qu'ils étrangleraient volontiers s'ils le tenaient à leur discrétion. Ils vous disent que l'emprunt a été beau, que la France se relève, qu'il faut conserver la République puisqu'elle existe, qu'autant vaut cette forme de gouvernement qu'une autre, qu'au fond ils ont toujours été républicains, mais qu'il y a deux sortes de République, la bonne et la mauvaise, et qu'ils sont pour la bonne.

Or, vous entendez bien, mes amis, que la bonne est celle qui les enverra à la Chambre ou dans les conseils, et qui assurera des places à leurs fils, à leurs petits-fils et aux descendants de leurs petits-fils à perpétuité.

« N'écoutez pas, disent-ils, les vieux républicains endurcis, ni leurs comités, ni les journaux. Ce sont des démagogues qui ont fait de l'opposition sous tous les régimes. Ils ont renversé ce bon Louis-Philippe; ils ont renversé ce pauvre empereur, qui a bien fait quelques fautes, mais qui, au fond, n'était pas un méchant homme ; ils renverseraient le bon Dieu lui-même s'il n'était pas trop haut perché pour eux. »

Méfiez-vous, mes amis, méfiez-vous de ces faux convertis qui n'ont à la bouche que les mots de sagesse et de modération, C'est avec cette modération qu'ils ont donné le croc-en-jambe à la République de 1848, et qu'ils l'ont livrée pieds et poings liés au couteau de Bonaparte. Ils sont modérés aujourd'hui parce qu'ils se sentent vaincus. Que demain ils redeviennent les maîtres, et ils nous mettront le pied sur la gorge.

Oh ! que je voudrais les entendre, quand ils viennent vous couler doucement à l'oreille leurs calomnies contre les Républicains ! Je leur dirais : — Vous parlez de modération ; mais qui de vous ou de nous a le droit de s'appeler modéré ?

Etiez-vous modérés quand, sous la République de 1848, vous provoquiez le peuple à la guerre civile en coupant, dans Paris, les arbres de liberté, en livrant l'éducation au clergé, en mutilant, par la loi du 31 mai, le suffrage universel ?

Etiez-vous modérés quand vous traitiez les Républicains de *partageux*, quand vous épouvantiez les gens de la campagne, encore ignorants et crédules, en leur parlant du *spectre rouge*, comme on parle de Croquemitaine aux petits enfants ?

Etiez-vous modérés quand, par haine de la République, que vous détestez encore aujourd'hui, vous abandonniez le pouvoir à un aventurier qui ne s'était encore illustré que par ses expéditions de Boulogne et de Strasbourg?

Etiez-vous modérés quand vous aplaudissiez au coup d'État, aux massacres du boulevard Montmartre, aux commissions mixtes, aux transportations et aux fusillades sommaires?

Etiez-vous modérés, enfin, quand, à la veille de cette fatale guerre contre la Prusse, vous battiez des mains aux mensonges des Grammont et des Olivier, quand vous fermiez l'oreille aux sages conseils de M. Thiers qui voulait la paix, quand vous accusiez de trahison ce grand patriote que vous feignez aujourd'hui d'admirer, et qui sans vous aurait sauvé la France?

Etrange modération qui ne se fait connaître que par des emportements, des violences ou des crimes! Si je cherche la vraie modération, c'est chez les républicains que je la trouve, chez ces hommes que vous accusez partout de violence et de folie.

Car, persécutés sous tous les régimes, ils n'ont jamais persécuté personne. Qui ont-ils proscrit en 1848? qui, en 1870? Sortis de l'exil ou de la prison, ils ont oublié leurs souffrances et leurs bourreaux. La joie de voir triompher cette République, pour laquelle ils avaient tout sacrifié, étouffait en eux le sentiment de la vengeance, et lâchement vous abusiez, pour les perdre, de leur modération que vous appelliez de la sottise. Oubliez-vous, vous qui vous dites modérés, qu'aujourd'hui, même après Sedan, même après la capitulation de Metz, Rouher siége à l'Assemblée, et que Bazaine n'est pas encore jugé? Que dis-je? Des feuilles salariées insultent tous les jours les hommes du 4 septembre, glorifient tous les jours Henri V et Bonaparte, et ces provocations restent impunies, et la loi, indulgente pour elles, n'a des rigueurs que pour les écrits républicains.

Si vous étiez au pouvoir, auriez-vous pour notre liberté la moitié seulement de la patience et de la modération que nous avons pour vos excès? L'auriez-vous? Répondez... mais non, ne répondez pas; car vous avez été les maîtres, et nous vous avons vus à l'œuvre.

Nous n'avons pas besoin de vos conseils, et nous méprisons vos calomnies. Nous sommes plus sages et plus modérés que vous. Nous obéissons aux lois, nous sacrifions au salut du pays nos impatiences les plus légitimes, nous voyons sans nous plaindre les administrations livrées aux mains des royalistes, nous tolérons une Assemblée hostile à nos idées, dangereuse pour la paix publique, nous défendons contre elle M. Thiers, non parce qu'il a toujours été des nôtres, mais parce qu'il aime sincèrement son pays.

Et en agissant ainsi nous croyons faire œuvre de bons citoyens, d'hommes politiques, plus sages et plus modérés que ceux qui envoient des bouquets, à Chislehurst, ou qui font des pélerinages à Anvers.

Voilà ce que je répondrais à ces bons monarchistes qui se disent républicains modérés. Et pour finir, je leur raconterais la fable du loup qui se couvrit un jour de la peau d'un mouton pour entrer dans la bergerie.

Mais cette fable, mes amis, vous la savez aussi bien que moi, et comme sous la République vous pouvez parler franc, sans crainte des mouchards et des gens de police, je vous laisse le soin de la leur raconter vous-mêmes,

CHAPITRE V.

RÉPUBLICAINS.

Il faudrait remonter bien loin dans l'histoire pour trouver un parti plus calomnié, plus persécuté que ne l'a été le parti républicain en France depuis 70 ans.

Proscrits par le premier Empire, condamnés à l'amende et à la prison par la Restauration et le gouvernement de juillet, fusillés, déportés par Napoléon III, traqués par ses agents, insultés par ses journalistes, les républicains n'ont jamais désespéré de leur cause.

Aujourd'hui que la République existe, au moins de nom, que demandent-ils pour prix de leurs efforts et de leurs souffrances? Rien pour eux-mêmes, tout pour les autres.

Et c'est en cela qu'ils se distinguent des partis monarchistes, et c'est cela qui fait que leur cause est aujourd'hui si populaire.

Les royalistes, en effet, attendent tout d'un maître : influence, places, honneurs, titres, rubans et crachats. Ils veulent servir pour régner.

Les républicains, qui ne peuvent souffrir de maître, n'attendent rien que du suffrage universel et du choix libre de leurs égaux.

Les royalistes veulent qu'il y ait en France une *classe dirigeante* où les emplois se transmettent de père en fils, par une sorte d'hérédité.

Les républicains veulent que les emplois soient accessibles à tous, et que le mérite personnel l'emporte sur la naissance et sur la fortune.

Les royalistes redoutent l'instruction qui transforme le sujet en citoyen, éclaire les hommes sur leurs droits et leurs devoirs, et ouvre l'esprit des plus ignorants aux grandes notions d'égalité et de liberté que la Révolution de 1789 a propagées dans l'Europe entière.

Les républicains demandent que les écoles soient répandues dans les moindres hameaux, que tous les enfants, riches ou pauvres, y soient admis à titre égal, que l'instruction soit une dette pour l'Etat, et pour les pères de famille une obligation.

Les royalistes admettent l'impôt du sang pour tous, mais en principe seulement, et avec des exceptions dont les classes privilégiées peuvent seules profiter.

Les républicains rejettent ces exceptions. En effet, si la défense du pays est un devoir pour tous les citoyens, les riches y sont astreints plus que les autres, parce qu'ils ont plus d'intérêts à défendre.

Les royalistes craignent le développement des franchises communales. Les républicains regardent la commune comme l'image en petit de la République. Ils veulent que les élus du suffrage universel fassent au sein des Conseils municipaux l'apprentissage de la vie politique, et qu'ils soient affranchis, dans une large mesure, de la tutelle de l'Etat.

Les royalistes ont horreur de la liberté de la presse. Les républicains jugent avec raison que la presse, malgré les excès de quelques gratte-papier qui la déshonorent, est la garantie des droits des citoyens. l'écho de leurs plaintes et de leurs réclamations, la gardienne de leur liberté individuelle, la barrière la plus sûre contre les empiétements du pouvoir et contre l'insolence de ses agents subalternes.

Les royalistes ne détestent pas moins le droit de réunion et d'association. Diviser pour régner est leur maxime. Les hommes réunis délibèrent et discutent : les hommes isolés se taisent et obéissent. Il est plus facile de dominer par la terreur que par la persuasion. La force a toujours été l'argument suprême des royalistes. On les a vus applaudir, par haine de la liberté, à l'usurpation de Bonaparte qu'ils n'aimaient pas : on les verrait encore, si par malheur la République venait à sombrer, se courber avec joie sous le sabre d'un dictateur.

Les républicains, au contraire, jugent que le droit de réunion et d'association est aussi naturel aux hommes que celui de respirer, d'aller et de venir. Comment, en effet, ceux qui souffrent pourraient-ils faire entendre leurs plaintes et obtenir justice si on leur ôtait la liberté de se voir et de s'entendre? Si la République ne faisait que substituer au pouvoir d'un roi ou d'un empereur celui d'une assemblée et d'un président, la République ne serait qu'un vain mot. République veut dire *chose publique*, gouvernement de tous par tous et pour tous, égalité devant la loi. Otez-lui ce sens, elle n'est plus que la domination d'une caste, et mieux vaudrait le règne d'un bon tyran — s'il y avait de bons tyrans.

Vous voyez qu'entre deux partis aussi opposés il n'y a pas de conciliation possible.

D'un côté, l'égoïsme, l'inégalité, l'oppression ; de l'autre le désintéressement, le respect des droits de tous, l'amour de la liberté.

Entre ces deux causes rivales, la nation a fait son choix. Elle comprend aujourd'hui qu'il n'y a de dignité et de salut pour elle que dans la République. Il est bien vrai que, dans le désespoir où l'avaient jetée les désastres de cette dernière guerre, elle s'est livrée aveuglément aux royalistes qui couvraient d'un amour hypocrite de la paix leurs projets de restauration.

Mais, revenue de ses premières terreurs, la nation a réfléchi. Rarement un peuple se trompe longtemps sur ses véritables intérêts. La France a vu d'un côté les bons monarchistes, amis de la paix, qu'elle avait nommés, nouer des intrigues, troubler la paix publique, courir à Chislehurst, à Chantilly, à Anvers, et, sans pitié pour leur pauvre pays saignant de ses blessures, travailler sourdement, à l'ombre des baïonnettes prussiennes, au rétablissement de leurs maîtres.

La France a vu, d'un autre côté, la gauche républicaine faire acte de sagesse et de modération, sacrifier au salut de la patrie ses aspirations légitimes et ses justes ressentiments, calmer les impatiences des démocrates trop ardents, défendre M. Thiers contre les fureurs de la coalition monarchique, et seconder cet illustre vieillard dans la grande œuvre de rénovation et de salut qu'il a entreprise avec tant de courage et qu'il poursuit avec tant de bonheur.

La France, enfin, a vu avec joie les événements seconder comme à souhait cette heureuse alliance de la gauche et du président. Notre crédit relevé, notre armée réorganisée, 44 milliards prêtés par l'Europe confiante au pays renaissant, partout l'ordre établi, la loi respectée, la plupart de nos départements délivrés de l'occupation, et, dans un an peut-être, le territoire entièrement évacué, la France rendue à elle-même et redevenue enfin maîtresse de ses destinées; n'est-ce pas là, je vous le demande, un grand spectacle, bien fait pour inquiéter nos ennemis et pour combler d'orgueil et d'espérance le cœur des patriotes?

Voilà, mes amis, ce qu'après d'affreux revers la République a fait pour vous, et ces services ne sont rien encore au prix de ceux qu'elle vous rendra dans l'avenir.

Mais il faut la défendre contre ses adversaires. Vous l'avez depuis plus d'un an constamment soutenue par vos votes dans toutes les élections, et vous avez infligé ainsi aux royalistes de grandes et sévères leçons. Il faut achever de les confondre et leur ôter leurs dernières espérances.

Voici venir bientôt le renouvellement de la Chambre. Votez cette fois en masse, avec ensemble et discipline, pour des députés républicains, et, ce devoir rempli, vous pourrez vaquer à vos travaux tranquillement, sans crainte des prétendants ni de leur valetaille. La République sera fondée.

TABLE DES CHAPITRES.

	Pages.
INTRODUCTION	1
CHAP. Ier. — Bonapartistes	5
CHAP. II. — Légitimistes	12
CHAP. III. — Orléanistes	19
CHAP. IV. — Modérés	22
CHAP. V. — Républicains	29

Paris. — Imp. Moderne, Barthier dr, rue J.-J.-Rousseau, 61.

SOCIÉTÉ D'INSTRUCTION RÉPUBLICAINE

STATUTS

Article premier. — Il est formé, sous le titre de *Société d'instruction républicaine*, une association ayant pour but d'éclairer les citoyens sur leurs droits et leurs devoirs.

Les moyens à mettre en œuvre seront : l'institution de conférences élémentaires sur les principes et les avantages du gouvernement républicain, sur l'histoire de la Révolution française, etc.; la publication de petits livres de philosophie morale et politique; la fondation de bibliothèques et de salles de lecture populaires.

Un journal, servant d'organe à la Société, rendra compte de ses travaux et de ses progrès, et il sera lui-même un de ses principaux moyens d'enseignement.

Art. 2. — Un comité central, composé de quinze membres au moins et siégeant à Paris, est chargé d'organiser et de diriger l'œuvre de l'association. Il élira lui-même son bureau. — Il sera renouvelable par tiers à chaque assemblée générale.

Art. 3. — Il provoquera dans chaque département la formation de comités locaux qui correspondront avec lui, soit directement, soit par l'intermédiaire d'un comité départemental.

Art. 4. — Nul ne pourra faire partie de la Société que s'il est admis par les deux tiers des membres du comité auquel il se présentera.

Art. 5. — Le minimum de la cotisation, pour tout membre de la Société, est de 12 francs par an, soit 1 franc par mois. Il recevra gratuitement le journal de la Société.

Les comités locaux de la Société pourront garder la moitié de chaque cotisation, si leurs besoins l'exigent; l'autre moitié devra être versée dans la caisse du comité central.

Art. 6. — Une assemblée générale des membres du comité central et des délégués des comités locaux aura lieu chaque année.

Un rapport sur l'ensemble des travaux accomplis et des résultats obtenus lui sera présenté par le Bureau du comité central.

Les présents statuts pourront toujours être complétés ou modifiés par l'assemblée générale.

Les adhésions et cotisations doivent être adressées à M. Auguste MARAIS, 161, rue Saint-Jacques, à Paris.

EN VENTE :

L'Instruction républicaine, par M. Jules BARNI, député, ancien inspecteur général de l'instruction publique.

Les Paysans avant 89, par M. Eug. BONNEMÈRE, publiciste, (2ᵉ éd.), auteur de l'*Histoire des Paysans*.

La République c'est l'ordre, par D. ORDINAIRE, publiciste, 3ᵉ éd.

La Question militaire et la République, par Raymond FRANC.

Ce que disent les Bonapartistes, par A. HENRYOT, avocat à la Cour d'appel de Paris.

La vérité sur le Deux Décembre, par Georges LASSEZ.

Les Paysans après 1789, par M. Eugène BONNEMÈRE, publiciste.

La Liberté organisée, par Léon JOURNAULT, député de Seine-et-Oise.

PARAIT DEPUIS LE 14 JUILLET :

LE PATRIOTE, *moniteur républicain du suffrage universel*, journal hebdomadaire.

Prix de l'abonnement d'un an. . . . **8 fr.**
Le numéro, **10 cent.** — **15 cent.** en province.

POUR PARAITRE INCESSAMMENT :

La fin des Révolutions par la République, par M. H. MAZÉ, ancien préfet des Landes.

Les Ouvriers avant et après 89, par M. F. MORIN, ancien préfet de Saône-et-Loire.

Les Volontaires de 1792, par M. Eugène DESPOIS, bibliothécaire à la Sorbonne.

Et d'autres écrits populaires par MM. N. LÉVEN, L. RIBERT, JOIGNEAUX, MARIO PROTH, CLAMAGERAN, EDGAR QUINET, DUSOLIER, E. SPULLER, LAURENT PICHAT, J. CAZOT, etc.

CONDITIONS DE PROPAGANDE

50 exemplaires pris ensemble. . . . . **5 fr. 50**
150   —   — . . . . **15 fr.**

Pour renseignements et adhésions, s'adresser à M. Aug. MARAIS, 161, rue Saint-Jacques.

Imp. moderne, Barthier, dʳ, rue J.-J.-Rousseau, 61

www.ingramcontent.com/pod-product-compliance
Lightning Source LLC
Chambersburg PA
CBHW060523050426
42451CB00009B/1136